2. Pliez ensuite le tissu dans le sens de la lisière (longueur du tissu) et alignez le patron en suivant la flèche dessinée dessus (elle indique le droit-fil, c'est-à-dire la longueur du tissu dans le sens de la lisière). Certains patrons ne sont dessinés qu'à moitié, vous devez aligner les pointillés sur la pliure du tissu pour obtenir une pièce entière en la dépliant. D'autres pièces, comme les manches, seront ainsi découpées en double épaisseur, pour gagner du temps. Prenez garde au sens des motifs du tissu lorsque vous placez le patron.
3. Épinglez le patron sur le tissu et dessinez le contour à la craie, en ajoutant une marge de couture (0,7 cm pour la majorité des coutures et 2 cm pour les ourlets).

À noter

Les patrons à taille réelle (planche encartée) sont dessinés sans marge de couture. Pour les autres, dont les dimensions sont indiquées dans les explications, les marges de couture sont déjà comprises et les dimensions toujours données ainsi : « hauteur x longueur ».

COUPER UN ANGLE ET CRANTER UN ARRONDI

• Lorsque vous avez un angle aigu (coin de sac, par exemple), coupez-le pour obtenir une belle pointe au moment de retourner l'ouvrage (**1**).

• Lorsque vous avez un arrondi (encolure, par exemple), crantez le tissu à 1 mm de la couture, avant de retourner l'ouvrage, pour éviter les plis (**2**).

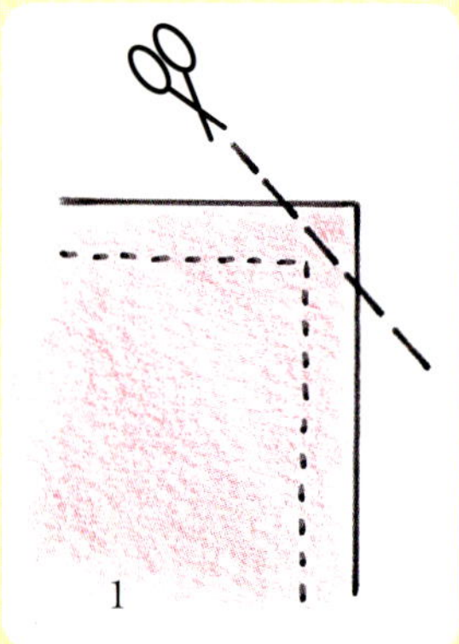

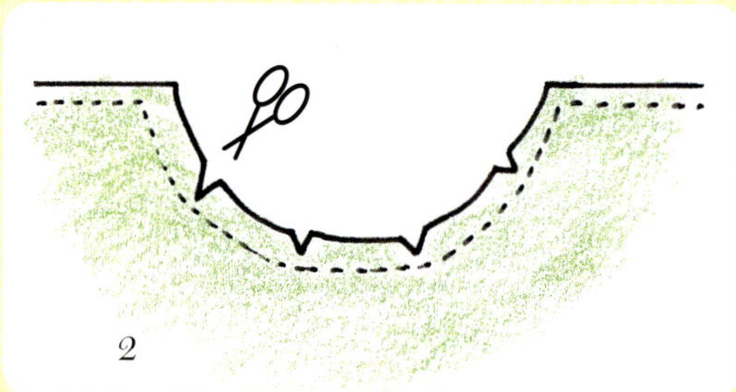

LES FRONCES

Souvent utilisées pour les jupes, elles permettent de donner de l'ampleur. La technique n'est pas compliquée, mais demande un peu de temps et de minutie.

1. Cousez un bâti à grands points sur toute la longueur du tissu, à 0,5 cm du bord et sans faire de nœud. Cousez un 2nd fil identique, à 0,7 cm du bord cette fois.
2. Tirez simultanément les 2 fils du dessus, côté gauche, et froncez le tissu. Faites la même chose côté droit et répartissez les fronces sur la longueur désirée.
3. Cousez à la machine les 2 épaisseurs du vêtement, fronces au-dessus, entre les 2 coutures, puis ôtez les fils de bâti.

LE BIAIS

Vous pouvez acheter un biais tout prêt ou le réaliser vous-même, en coupant dans le biais du tissu (cela le rend élastique) et en le pliant, dans le sens de la longueur, en 4 parties égales (il existe de petits outils prévus à cet effet). Pour le coudre au vêtement, 2 étapes sont conseillées :

1. Ouvrez entièrement le biais, épinglez l'endroit d'une des longueurs sur l'envers du tissu, bord à bord, et cousez à 0,5 cm du bord (**1**).
2. Repliez le biais sur l'endroit du tissu et cousez-le, de ce côté, à 0,1 mm de son bord intérieur (**2**).

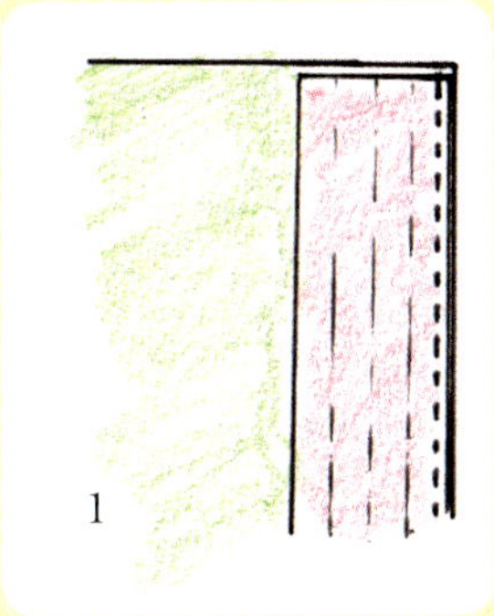

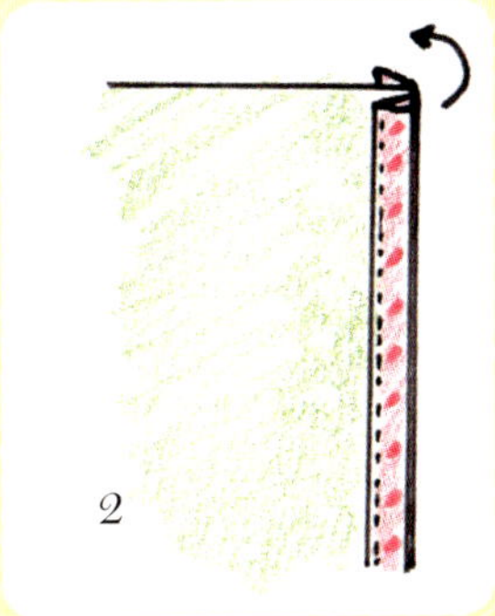

LE PASSEPOIL

C'est une bande en relief à coudre entre 2 parties d'un vêtement pour lui apporter de la fantaisie, à acheter tout prêt ou à confectionner soi-même :

1. Coupez la bande de tissu comme le biais (voir ci-dessous), mais pliez-la seulement en deux.
2. Glissez à l'intérieur de celle-ci, le long du bord plié, un cordon d'un diamètre adapté à l'ouvrage.
3. Cousez le long du cordon, sans mordre dessus, en utilisant si possible le pied ganseur. Insérez ensuite ce biais entre les 2 épaisseurs de l'ouvrage.

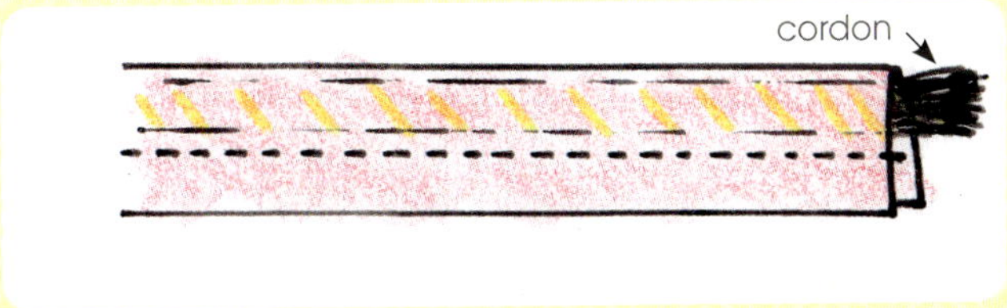

LES APPLIQUÉS

1. Au fer à repasser, collez la chute de tissu sur la toile thermocollante et dessinez l'appliqué sur la toile.
2. Découpez soigneusement la forme en tissu et posez-la à l'endroit souhaité. Pour éviter qu'elle ne bouge lors de la couture, fixez-la temporairement avec de la colle pour tissu (type 505 en bombe).
3. Cousez tout autour au point zigzag, sur un réglage serré. Si vous cousez sur du jersey, collez la forme à la bombe et glissez, entre le tissu et les griffes de la machine, du papier de soie que vous déchirerez ensuite : le jersey ne se déformera pas.

LES PATTES DE BOUTONNAGE

1. Coupez 2 fois la patte de boutonnage (voir gabarit p. 62) dans le tissu, et 1 fois dans la toile thermocollante.
2. Collez la toile à l'aide du fer sur l'envers de l'une des pattes, et cousez les 2 pattes, envers contre envers, en laissant l'ouverture en haut. Retournez, faites un rentré en haut et surpiquez tout autour, ce qui fermera le haut.
3. Cousez une boutonnière de la largeur du bouton.

LA CEINTURE RÉGLABLE

Elle se compose d'une bande de tissu, cousue à l'intérieur du vêtement et d'un élastique réglable coulissé dedans, fixés par une couture et un bouton. Elle est très pratique, notamment chez les tout-petits, dont les hanches ne sont pas encore prononcées, ce qui permet au vêtement de glisser facilement.

1. Coupez une bande de tissu de 4,5 cm de largeur et de la circonférence du vêtement + 2 cm. Au fer, marquez un pli de 1 cm sur sa longueur inférieure (important pour les tissus à motifs).
2. Cousez, endroit contre endroit, sa longueur supérieure sur le haut du vêtement, en faisant un pli aux 2 extrémités, celles-ci devant se joindre à la fin sans se juxtaposer.
3. Retournez la bande sur l'envers du vêtement et cousez le long du pli inférieur.
4. Insérez l'élastique dans la coulisse à l'aide d'une épingle de nourrice et cousez les extrémités. Cousez le bouton et réglez ainsi l'élastique.

ASTUCES

Si vous n'êtes pas sûre de vous, faites des essais dans un vieux drap, avant de couper dans votre beau tissu, et n'oubliez pas que c'est aussi en se trompant que l'on apprend !

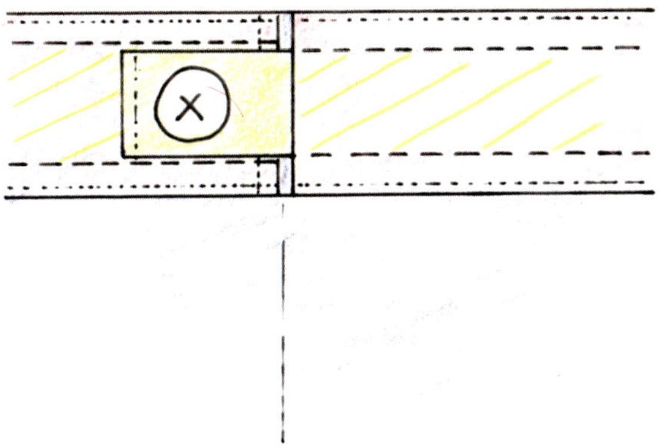

LE SURFIL

Pour éviter que les bords des coutures ne s'effilochent, surfilez-les à la machine (au point zigzag ou autre, selon votre matériel) ou surjetez-les, si vous possédez une surjeteuse.

Un jeu d'enfant

Coudre pour nos petits n'a rien de compliqué,

Et quelle joie de les voir porter nos vêtements et accessoires au quotidien !

1…2…3, cousons !

Tunique boutonnée

Pour fille ou garçon, une tunique entièrement boutonnée dans le dos, pour un enfilage facile !

TAILLES

6 mois, 1 an, 18 mois, 2 ans, 3 ans

FOURNITURES

- *Du tissu (coton léger ou fin velours) : 55 cm (60/70/80/90 cm)*
- *Du biais : 35 à 50 cm, selon la taille*
- *4 boutons pour le dos et 2 boutons fantaisie*

Voir planche 2

LA PRÉPARATION

1. Coupez 1 fois le devant, sur la pliure du tissu, 2 fois le dos et les manches.

2. Piquez les coutures d'épaule, endroit contre endroit, et cousez les manches au corps, en faisant bien correspondre le devant et le dos de chaque pièce.

3. Cousez le dessous des manches et les côtés de la tunique dans la continuité, endroit contre endroit.

LES FINITIONS

1. Cousez un ourlet de 2 cm sur les 2 hauteurs des pans du dos. Dessinez à la craie la fausse patte de boutonnage et surpiquez sur la ligne.

2. Cousez le biais de l'encolure. Cousez un ourlet de 1 cm en bas des manches et de la tunique.

3. Faites 4 boutonnières sur l'un des ourlets du dos, à distance égale ; cousez les boutons en face et les boutons de la fausse patte devant.

CONSEIL

Personnalisez cette tunique classique avec des petites poches, des nœuds, des rubans ou des dentelles. Libérez votre créativité !

LOVE

Gilet tout doux

À enfiler pour se réchauffer : un vrai doudou !

TAILLES

6 mois, 1 an, 18 mois, 2 ans et 3 ans

FOURNITURES

- *2 tissus différents (fausse fourrure et tissu à motifs) : 35 cm (40/45/50/55 cm)*
- *2 gros boutons (ou 4, si vous souhaitez une version réversible)*
- *1 lien (ruban ou coton ciré), coupé en 2 : 15 cm*

Voir planche 1

LA PRÉPARATION

Dans les 2 tissus, coupez 2 fois le devant, 1 fois le dos, sur la pliure du tissu, en suivant la ligne « gilet » du patron de la tunique croisée, pour réduire la largeur des pans du devant.

L'ASSEMBLAGE

1. Cousez simultanément les épaules de chaque gilet.

2. Assemblez, endroit contre endroit, les 2 gilets et cousez l'encolure, en commençant par le bas d'un des pans de devant, jusqu'en bas de l'autre pan et en prenant bien soin d'inclure, entre le gilet et sa doublure, les 2 liens (boucles vers l'intérieur) à la hauteur souhaitée, et les rubans.

3. Cousez, endroit contre endroit, les emmanchures en totalité.

4. Retournez en faisant passer les 2 pans par leurs épaules respectives, et repassez.

5. Ouvrez les côtés, placez le dos de la doublure contre le dos du pan de la doublure et faites la même chose avec la fausse fourrure, endroit contre endroit. Cousez sur toute la longueur du côté et faites de même avec l'autre pan.

6. Cousez les 2 gilets ensemble en bas, endroit contre endroit, en laissant une ouverture. Retournez et fermez l'ouverture en cousant de petits points invisibles à la main.

LES FINITIONS

Cousez les boutons en face des liens, et sur chaque face du pan, si vous souhaitez un gilet réversible.

ASTUCES

Des rubans, pliés en deux et cousus en même temps que les liens, personnaliseront le gilet au masculin ou au féminin.

Tunique croisée

Une tunique pleine de fraîcheur avec ses manches papillons et son tissu léger.

TAILLES

6 mois, 1 an, 18 mois, 2 ans, 3 ans

FOURNITURES

- *Du coton léger : 35 cm (40/45/50/55 cm)*
- *Du biais : 190 à 300 cm selon la taille*

Voir planche 1 et gabarit p. 62 (manches papillon)

LA PRÉPARATION

1. Coupez 2 fois le devant et les manches papillons et 1 fois le dos, sur la pliure du tissu.

2. Piquez les coutures d'épaule, endroit contre endroit.

3. Surfilez les côtés séparément avant l'assemblage, puis cousez-les, endroit contre endroit, en laissant 2 à 5 cm d'ouverture sous l'emmanchure (pour le passage du lien pour croiser la tunique).

LA COUTURE

1. Cousez un ourlet de 1 cm sur le bas de la tunique et un autre de 0,5 cm sur les petits côtés des pans de devant.

2. Cousez le biais de l'encolure (son milieu sur le milieu du dos) en le prolongeant de chaque côté (il servira de lien).

3. Cousez un ourlet très étroit sur la partie la plus droite des manches papillons.

L'ASSEMBLAGE

1. Assemblez ainsi :

– la tunique, endroit dessus ;

– les manches papillons, envers dessus et côté ourlet vers l'intérieur ;

– le biais coupé en deux dans la longueur (moins épais), partie pliée vers l'intérieur.

2. Cousez à 0,5 cm du bord, retournez et cousez le long du pli du biais.

Robe croisée réversible

Abracadabra, deux robes en une avec cette version réversible de la tunique croisée !

TAILLES

6 mois, 1 an, 18 mois, 2 ans, 3 ans

FOURNITURES

- *2 tissus différents (coton, lin...) : 50 cm (55/60/65/70 cm)*
- *De la dentelle : 70 cm à 100 cm, selon la taille*
- *Du biais, coupé en deux : de 150 cm à 170 cm, selon la taille*

Voir planche 1 et gabarit p. 62 (poche)

L'ASSEMBLAGE

1. Cousez séparément les 2 robes, dans cet ordre :

– Les épaules

– Les côtés (pas d'ouverture cette fois, des boutonnières seront cousues ultérieurement pour le passage des liens).

2. Assemblez, endroit contre endroit, les 2 robes et cousez l'encolure, en commençant par le bas d'un des pans de devant, jusqu'en bas de l'autre pan et en prenant bien soin d'inclure dans la couture les 2 liens (biais à l'intérieur) sous les angles des pans de devant.

3. Cousez, endroit contre endroit, les emmanchures entièrement.

4. Retournez en faisant passer les 2 pans par leurs épaules respectives (c'est étroit, mais ça passe !), repassez soigneusement.

LES FINITIONS

1. Ouvrez les côtés, placez le dos de la doublure contre le pan de la doublure. Faites la même chose avec le tissu extérieur, endroit contre endroit. Cousez sur toute la longueur du côté et faites de même avec l'autre pan. Replacez correctement les côtés et cousez une boutonnière (2,5 cm) à 5 cm sous chaque emmanchure.

2. Cousez les 2 robes ensemble en bas, endroit contre endroit, en laissant une ouverture, retournez et surpiquez toute la longueur pour fermer l'ouverture et finir joliment la robe.

3. Cousez la dentelle le long de l'encolure.

ASTUCES

Des manches papillons peuvent aussi être ajoutées à cette robe (voir p. 52, la chemise de nuit). Il suffit de les insérer dans la couture des emmanchures.

La même robe croisée, mais ici coupée à cru dans de la laine bouillie, pour un minimum de finitions.

Tunique kurta

Un petit haut facile à enfiler, vite adopté par les enfants, à décliner dans toutes les couleurs.

TAILLES

6 mois, 1 an, 18 mois, 2 ans, 3 ans

FOURNITURES

- *Du tissu (coton, lin, velours milleraie...) : 65 cm (70/75/80/85 cm)*
- *1 lien ou 1 ruban : 7 cm*
- *1 bouton*

Voir planche 2

ASTUCES

Changez la longueur des manches, choisissez un tissu plus épais, ajoutez un passepoil et un appliqué, et voici un sweat confortable (voir p. 26).

LA PRÉPARATION

Coupez 2 fois : le dos supérieur, la partie inférieure (dos et devant identiques, prenez le patron le plus large car cette partie inférieure sera froncée) et 2 fois les manches. Coupez 4 fois le devant supérieur (2 parties droites et 2 parties gauches).

À NOTER

Si vous souhaitez réaliser la jupe, rendez-vous p. 28.

LE HAUT

La partie supérieure est composée d'une face extérieure et d'une parmenture (partie identique qui double le haut).

1. Piquez les coutures d'épaule de 1 dos et de 2 devants supérieurs, et faites de même avec les 3 autres pièces identiques.

2. Assemblez, endroit contre endroit, ces 2 hauts et cousez l'encolure en commençant par le bas d'un pan de devant jusqu'à l'autre pan. N'oubliez pas d'insérer le lien (future boutonnière), boucle vers l'intérieur, entre les 2 épaisseurs, sur l'un des angles de devant. Coupez les angles, retournez et repassez soigneusement.

L'ASSEMBLAGE

1. Froncez la petite longueur des 2 parties inférieures de la tunique (voir p. 10) de façon à obtenir la même longueur que la partie supérieure.

2. Cousez, endroit contre endroit, le dos supérieur (prendre les 2 épaisseurs) et l'une des parties inférieures froncées, puis faites la même chose pour le devant, sachant que les 2 pans supérieurs doivent se joindre au milieu sans se superposer.

3. Cousez les manches au corps, endroit contre endroit.

4. Dans la continuité, cousez le dessous des manches et les côtés de la tunique.

LES FINITIONS

Cousez un ourlet de 1 cm en bas des manches et de la tunique. Cousez le bouton en face du lien.

Pull kurta jaune

Un tissu plus épais, des manches longues et un joli appliqué, et voici la tunique transformée en sweat douillet.

TAILLES

6 mois, 1 an, 18 mois, 2 ans, 3 ans

FOURNITURES

- *Du tissu (jersey épais, polaire, laine bouillie) : 65 cm (70/75/80/85 cm)*
- *Du passepoil : de 60 cm à 80 cm selon la taille*
- *1 bouton*

Voir planche 2

LA PRÉPARATION

1. Coupez 2 fois le dos supérieur, la partie inférieure (dos et devant identiques) et les manches longues.

2. Coupez 4 fois le devant supérieur (2 parties droites et 2 parties gauches). La partie supérieure peut être remplacée par un coton plus léger pour la parmenture.

LE HAUT

Il est composé d'une face extérieure et d'une parmenture (partie identique qui double le haut).

1. Piquez les coutures d'épaule de 1 dos et de 2 devants supérieurs, et faites de même avec les 3 autres pièces identiques.

2. Assemblez, endroit contre endroit, ces 2 hauts et cousez l'encolure en commençant par le bas d'un pan de devant jusqu'à l'autre pan. N'oubliez pas d'insérer le lien (future boutonnière), boucle vers l'intérieur, entre les 2 épaisseurs, sur l'un des angles de devant.

3. Coupez les angles, retournez et repassez soigneusement.

ASTUCE

Pour l'été, coupez cette tunique dans un lin ou un coton léger.

L'APPLIQUÉ

Vous pouvez le coudre où bon vous semble : ici, 2 boutons forment les roues de la voiture.

L'ASSEMBLAGE

1. Cousez, endroit contre endroit, le dos supérieur (avec les 2 épaisseurs) et l'une des parties inférieures en insérant le passepoil, puis faites la même chose pour le devant, sachant que les 2 pans supérieurs doivent se joindre au milieu sans se superposer (si vous souhaitez ajouter un appliqué, cousez-le sur la partie inférieure avant l'assemblage.)

2. Cousez les manches au corps, endroit contre endroit. Dans la continuité, cousez le dessous des manches et les côtés de la tunique.

LES FINITIONS

Cousez un ourlet de 1 cm en bas des manches et de la tunique (ou faites un biais à la place des ourlets). Cousez le bouton en face du lien.

Jupe boule

Vraiment ravissante sur une petite demoiselle coquette !

TAILLES

6 mois, 1 an, 18 mois, 2 ans, 3 ans

FOURNITURES

❊ Du tissu fleuri ou uni pour l'extérieur :

- 1 rectangle (A) : 10 x 66 cm (11 x 68 cm/12 x 70 cm/ 13 x 72 cm/14 x 74 cm)

- 1 rectangle (B) : 17 x 126 cm (21 x 128 cm/ 25 x 130 cm/29 x 132 cm/ 33 x 134 cm)

❊ Du tissu doublure :

- 1 rectangle (C) : identique au rectangle A

- 1 rectangle (D) : 12 x 96 cm (16 x 98 cm/ 20 x 100 cm/24 x 102 cm/ 28 x 104 cm)

❊ 70 cm de passepoil

❊ 50 cm d'élastique réglable

ASTUCE

L'effet boule sera d'autant plus joli avec un tissu un peu lourd comme du velours milleraies par exemple.

L'EXTÉRIEUR ET LA DOUBLURE

1. Découpez les différentes pièces et préparez le passepoil (voir p. 11). Réalisez les fronces sur le haut du rectangle B et froncez de façon à obtenir la même longueur que le rectangle A. Épinglez endroit contre endroit, la partie froncée contre le bas du rectangle A, en insérant le passepoil entre les 2 épaisseurs (partie renflée à l'intérieur).

2. Cousez toute la longueur, au plus près du passepoil et entre les 2 fils de fronce. Ensuite, ôtez ces fils.

3. Cousez de la même façon les 2 rectangles de la doublure.

L'ASSEMBLAGE

1. Froncez le bas du rectangle B, de façon à obtenir la même longueur que le bas du rectangle D, épinglez endroit contre endroit et cousez.

2. Épinglez, endroit contre endroit, le haut des 2 jupes et cousez toute la longueur : vous obtenez un tube.

3. Glissez une extrémité dans le tube, de façon à ce que les 2 extrémités se retrouvent endroit contre endroit.

4. Cousez à 0,5 cm du bord, en laissant une petite fente de 2,5 cm au niveau de la ceinture (partie doublure), pour le passage de l'élastique et une ouverture de 10 cm dans la doublure pour retourner la jupe.

LES FINITIONS

1. Retournez la jupe et cousez l'ouverture à points invisibles (petits points discrets faits à la main.)

2. Cousez sur toute la longueur de la ceinture, à 3 cm du bord, glissez l'élastique et réglez la taille.

CONSEIL

Le passepoil n'est pas évident à poser lorsque l'on débute, cette étape est donc facultative et peut être remplacée en appliquant une dentelle. Si vous désirez toutefois en poser un, n'oubliez pas que vous pouvez le confectionner vous-même et choisir ainsi librement la couleur (voir p. 11).

Jupe à volant

Un faux jupon pour le volume et l'ampleur, des coloris vifs pour le style. Une jupe très facile à coudre !

TAILLES

6 mois, 1 an, 18 mois, 2 ans, 3 ans

FOURNITURES

- *Pour la jupe : du tissu à motifs : 1 rectangle de 20 x 98 cm (23 x 102 cm/ 26 x 106 cm/ 29 x 110 cm/ 32 x 114 cm)*
- *Pour le jupon : du tissu uni : 1 rectangle de 30 x 96 cm (33 x 100 cm/ 36 x 104 cm/ 39 x 108 cm/ 42 x 112 cm)*
- *1 élastique de 1,5 cm de largeur : 35 à 45 cm environ*

1. Cousez un ourlet de 1 cm en bas et sur chaque côté du rectangle de tissu à motifs (jupe).

2. Pliez en deux le rectangle de tissu uni (jupon) puis cousez le côté, endroit contre endroit, à 1 cm du bord. Faites une couture, également à 1 cm du bord, sur l'autre côté, pour la symétrie.

3. Assemblez et cousez l'envers du jupon contre l'endroit de la jupe, en joignant les 2 extrémités de la jupe au milieu du devant du jupon. Retournez la jupe sur le jupon et cousez, à 3 cm du bord, toute la longueur de la ceinture.

4. Glissez l'élastique dans la coulisse, réglez la taille et cousez les 2 extrémités ensemble.

5. Cousez un ourlet de 1 cm en bas du jupon.

Explication du fichu p. 33

ASTUCES

Pour ajouter un peu de fantaisie, glissez un petit morceau de ruban, plié en deux, dans la couture du jupon et tamponnez quelques dessins à l'encre textile.

LE DOS NU

Ajoutez un petit haut trapèze,et la jupe double devient robe dos nu !

FOURNITURES

- *Du tissu blanc : 1 trapèze de 29 x 49 x 19 x 19 cm (30 x 50 x 20 x 20 cm/ 31 x 51 x 21 x 21 cm/ 32 x 52 x 22 x 22 cm/ 33 x 53 x 23 x 23 cm) largeur x longueur x hauteur x hauteur*
- *Du ruban : 100 cm/28 cm*

1. Cousez un ourlet de 0,5 cm sur chaque hauteur et 1 autre de 1,5 cm sur le haut du trapèze (la coulisse du ruban).

2. Assemblez, cousez la jupe en suivant l'étape 3 (voir p. 30), en insérant le trapèze entre les 2 tissus, endroit du trapèze contre endroit de la jupe.

3. Retournez la jupe sur le jupon, placez le trapèze en haut et cousez le long de la ceinture, à 3 cm du bord. Coulissez l'élastique de la ceinture et le ruban de l'encolure.

LE FICHU

Et pour accompagner joliment la jupe ou la robe, le petit fichu réversible assorti.

FOURNITURES

- *2 tissus différents : 2 triangles isocèles de 36 cm (grand côté) par 30 cm*
- *Du biais assorti : 100 cm*

1. Découpez 2 triangles isocèles de 36 cm (grand côté) sur 30 cm. Cousez, endroit contre endroit, les 2 petits côtés du triangle. Coupez l'angle et retournez.

2. Cousez le biais sur toute la grande longueur du triangle.

Sarouel pop

Un pantalon ample et confortable pour les petites fesses potelées.

TAILLES

6 mois, 1 an, 18 mois, 2 ans, 3 ans

FOURNITURES

- *Du velours milleraies ou du lin : 35 cm (40/45/50/55 cm)*
- *Du tissu à motifs : 15 cm*
- *De la toile thermocollante pour les appliqués*
- *1 élastique réglable : 50 cm*

Voir planche 2 et gabarit de l'applqué p. 37

LA PRÉPARATION

1. Coupez 2 fois le patron sur la pliure du tissu, le devant et le dos étant identiques.

2. Entoilez 2 chutes de tissu à motifs et découpez les 2 ronds des genoux. Cousez ces ronds à hauteur des genoux, en veillant au sens des motifs (voir p. 12).

L'ASSEMBLAGE

1. Assemblez, endroit contre endroit, les 2 parties du sarouel et cousez les côtés.

2. Coupez 2 bandes de tissu à motifs de même longueur que le bas des jambes, et de 3 cm de largeur. Dans la longueur supérieure de ces bandes, marquez au fer un pli de 1 cm et cousez, endroit contre endroit, la longueur opposée et le bas du sarouel, à 0,5 cm du bord. Retournez et cousez le long du pli.

3. Endroit contre endroit, cousez l'entre-jambe et crantez l'arrondi avant de surfiler. Réalisez la ceinture réglable (voir p. 13).

ASTUCES

Pour l'hiver, doublez le sarouel. C'est simple : cousez 2 fois le même sarouel dans 2 tissus différents, sans les bandes de bas de jambes et de ceinture, glissez-les ensuite l'un dans l'autre, endroit contre endroit, cousez le bas des jambes, retournez et terminez en cousant la ceinture réglable.

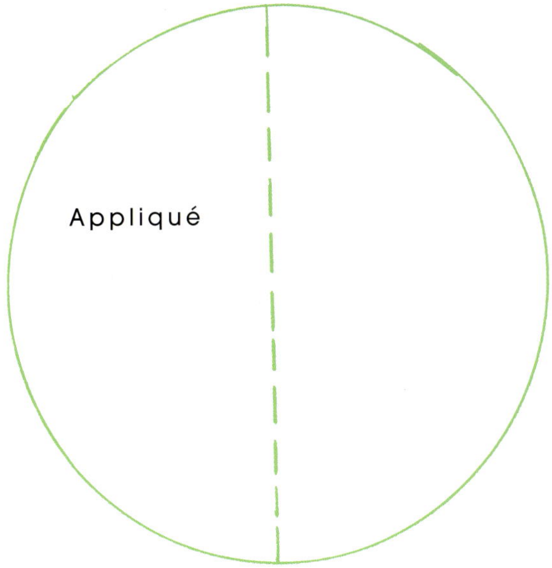

SHORT ET BLOOMER

Le sarouel devient short ou bloomer après quelques transformations.
Les tailles, fournitures et explications sont les mêmes que pour le sarouel, avec quelques ajustements :

1. Pour le short, appliquez la pièce de tissu coupée en deux sur le bas du sarouel.
2. Pour le bloomer, cousez l'appliqué sur les côtés, avant d'assembler le devant et le dos, pour donner un esprit « poche ».
3. Glissez un élastique fin (20/23/26/29/32 cm environ, par 0,5 cm de largeur) dans la bande cousue en bas des jambes, puis cousez l'entrejambe. Cousez 2 boutons fantaisie, sur la couture des côtés, en bas des jambes.

ASTUCE
Pour obtenir une version pantacourt, allongez un peu la longueur du short et ajoutez une patte de boutonnage sur les côtés (explications p. 12 et voir gabarit p. 62).

En utilisant le patron de la marinière (voir p. 40), vous pouvez réaliser une petite tunique d'été, en utilisant le tissu léger de l'appliqué à la place du jersey, et en ajoutant une patte de boutonnière aux manches.

ASTUCE
Cousez l'appliqué avec un fil de couleur vive !

Sarouel froncé

Ceinture matelassée, fronces et petites nouettes apportent une belle touche d'originalité...

TAILLES

6 mois, 1 an, 18 mois, 2 ans et 3 ans

FOURNITURES

- *Du tissu uni : 15 cm (16/17/18/19 cm)*
- *Du tissu à motifs : 40 cm (42/44/46/48 cm)*
- *Du molleton fin : 15 cm*
- *1 lien de 15 cm, coupé en deux*
- *2 gros boutons*

Voir planche 2

LA PRÉPARATION

1. Coupez 2 fois la partie basse du sarouel (devant et dos identiques) dans le tissu à motifs, 2 fois la ceinture dans le tissu uni et 1 fois dans le molleton fin.

2. Coupez 2 bandes de 4 x 100 cm pour les nouettes.

LA CEINTURE MATELASSÉE

1. Superposez les 2 rectangles unis, endroit contre endroit, puis le molleton par-dessus. Cousez les 2 côtés et le haut, en insérant, sur l'un des côtés, les 2 liens pour les boutons, boucles à l'intérieur des 2 tissus. Retournez et repassez soigneusement.

2. Surpiquez des lignes parallèles, tous les centimètres, dans la longueur de la ceinture, en laissant au moins 2 cm en bas.

3. Marquez au fer un ourlet en bas de la ceinture, en rentrant les 2 tissus sur le molleton.

LES JAMBES

1. Cousez un ourlet fin sur les côtés extérieurs de chaque partie à motifs. Assemblez-les, endroit contre endroit, et cousez ces côtés : du haut jusqu'à 8 cm avant le bas, pour l'un des côtés et de 8 cm du haut jusqu'à 8 cm avant le bas, pour l'autre côté.

2. Cousez l'entrejambe, endroit contre endroit.

3. Froncez plus ou moins le bas de chaque jambe (voir p. 10), selon l'ampleur souhaitée, et cousez les biais, leur milieu sur la couture de l'entrejambe. Prolongez la couture sur toute la longueur des biais.

L'ASSEMBLAGE

1. Froncez le haut des jambes, de façon à obtenir la même longueur que la ceinture, moins 8 cm. Insérez cette partie froncée dans le bas de la ceinture, en alignant l'un des côtés ouverts au côté sans lien de la ceinture, le 2nd côté ouvert s'arrêtant alors à 8 cm de l'autre côté de la ceinture.

2. Cousez le bas de la ceinture sur toute la longueur. Vérifiez la taille sur l'enfant et cousez les 2 boutons.

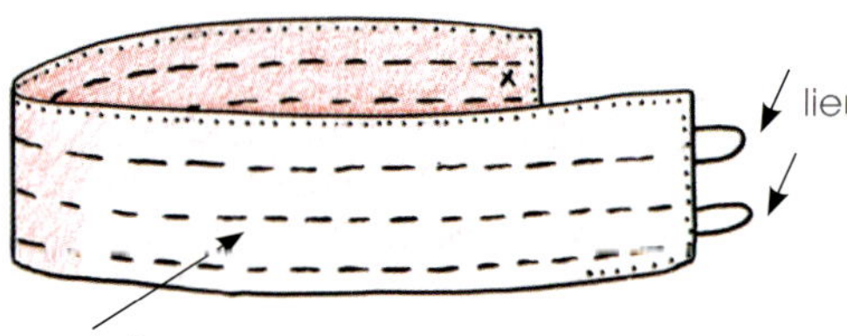

ASTUCE

Vous pouvez utiliser un biais tout fait pour les nouettes : choisissez un coloris contrasté ou assorti.

Marinière tout terrain

Coupée dans un jersey un peu épais, elle accompagnera votre enfant dans ses escapades les plus folles.

TAILLES

6 mois, 1 an, 18 mois, 2 ans et 3 ans

FOURNITURES

- *Du jersey : 35 cm (40/45/50/55 cm)*
- *Du biais à motifs : 140 cm à 220 cm selon la taille*
- *2 boutons-pressions, des lettres-tampons (facultatif)*

Voir planche 1

LA PRÉPARATION

Coupez 1 fois le devant et 1 fois le dos, sur la pliure du tissu, en faisant bien correspondre les lignes. Coupez les manches.

L'ASSEMBLAGE

1. Cousez le biais sur chaque épaule, puis sur les encolures (faites un petit ourlet aux extrémités).

2. Superposez le devant sur le dos (envers côté table) sur une longueur de 2,5 cm, à la hauteur des épaules et assemblez par-dessus la grande longueur de la manche, endroit contre endroit, en laissant une longueur égale de chaque côté du corps. Cousez la grande longueur de la manche et faites de même pour la seconde.

3. Cousez le biais sur l'extrémité de chaque manche.

4. Endroit contre endroit, cousez le dessous des manches et les côtés dans la continuité.

LES FINITIONS

1. Cousez le biais à l'intérieur, en bas de la tunique.

2. Ajoutez les boutons-pressions aux épaules (lisez la notice du fabricant), et des lettres-tampons, selon vos envies.

ASTUCES

Coupée dans un coton à motifs, la marinière devient tunique toute légère (voir p. 37), ou plus classique, en lin uni. Pour apporter un petite touche de fantaisie supplémentaire, écrivez des mots ou des phrases avec des lettres-tampons et de la peinture pour textile.

DINO

Sac à dos

Avant la promenade, glissons vite un goûter et un petit gilet dans ce sac à dos coloré !

FOURNITURES

- *De la toile rayée (ou coton épais, velours...) : 2 fois 37 x 32 cm et 1 fois 22 x 32 cm (les lignes de la poche sont inversées)*
- *Du tissu à motifs pour la doublure : 2 fois 37 x 32 cm, 1 fois 24 x 32 cm et 2 fois le rabat (gabarit p. 61)*
- *Du tissu à pois : 2 fois la patte de boutonnage*
- *Du molleton très fin : 1 fois le rabat*
- *De la toile thermocollante : 1 fois la patte de boutonnage*
- *1 sangle : 200 cm*
- *Du ruban ou 1 cordelette : 100 cm*
- *1 gros bouton, 1 arrêt de cordon, 3 gros œillets*

Voir gabarits pp. 62-63 (rabat et patte de boutonnage)

LA POCHE

Cousez, endroit contre endroit, les 2 petits rectangles de toile et de doublure, sur toute la longueur supérieure. Retournez et alignez les 2 longueurs inférieures, repassez le haut et surpiquez au bord du tissu extérieur.

L'ASSEMBLAGE DES SACS

1. Épinglez la poche en bas d'un des rectangles extérieurs, envers contre endroit, et superposez l'endroit de l'autre grand rectangle extérieur. Cousez tout autour, sauf le haut. Retournez et repassez. Faites de même avec les 2 rectangles de la doublure, mais ne retournez pas.

2. Posez 1 œillet au milieu du rectangle avec la poche, à 2 cm du bord supérieur.

LE RABAT

1. Thermocollez au fer à repasser, l'un des morceaux de la patte de boutonnage et cousez, endroit contre endroit, les 2 parties, sauf le haut. Retournez, surpiquez tout autour et cousez une boutonnière (selon la largeur du bouton choisi) à sa pointe.

2. Superposez les 2 rabats, endroit contre endroit, puis le molleton par-dessus, en insérant la patte de boutonnage entre les 2 tissus, vers l'intérieur et au milieu de l'arrondi, et cousez toute la partie arrondie. Retournez et repassez, surpiquez si besoin.

L'ASSEMBLAGE DES SACS ET DU RABAT

1. Épinglez le rabat sur le dos du sac extérieur, endroit contre endroit, en gardant une longueur égale de chaque côté et en insérant, au milieu et vers l'intérieur, les 2 sangles.

2. Glissez le tout dans la doublure, et cousez tout le haut en laissant une petite ouverture sur le côté. Retournez, rentrez la doublure dans le sac et surpiquez le haut, ce qui fermera la petite ouverture.

LES FINITIONS

1. Surpiquez une 2de ligne parallèle qui passera sous l'œillet. Glissez le ruban dans cette coulisse, insérez les 2 extrémités dans l'arrêt de cordon et faites un nœud au bout pour éviter que l'arrêt ne parte.

2. Posez les 2 œillets dans les coins inférieurs du sac, insérez les sangles par l'arrière et réglez la longueur avant de faire un nœud.

3. Cousez le bouton sur le haut de la poche et personnalisez avec les lettres-tampons, si vous le souhaitez.

MES PETITES AFFAIRES

Poncho douillet

Pour cocooner gaiement dès les premiers frimas, un poncho tout doux, ultra-facile à faire.

TAILLES

6/12 mois, 2/3 ans

FOURNITURES

- *De la laine bouillie : 90 cm (110 cm)*
- *Du ruban fantaisie, de la dentelle, des boutons ...*
- *1 coupon de tissu à motifs pour la poche*
- *2 pinces à bretelles*

Voir gabarit p. 63 (poche)

1. Coupez 1 rectangle de 55 (70) x 90 (110) cm dans la laine bouillie. Faites une ouverture de 50 (60) cm dans la longueur, en partant du bas et à – 27,5 (35) cm – du côté du poncho.

2. Cousez un petit ruban à la fin de la découpe (hauteur du cou) perpendiculairement à l'ouverture, pour éviter qu'elle s'agrandisse.

3. Cousez 1 ruban sur toute la largeur, à 5 cm du bas du dos et un second, toujours à 5 cm, mais sur l'un des pans de devant. Coupez soigneusement des franges de 0,5 cm de largeur jusqu'au niveau des rubans.

4. Coupez 2 fois la poche (gabarit p. 63), cousez les 2 parties, endroit contre endroit, en laissant une petite ouverture en bas, retournez et repassez. Cousez la poche sur le devant.

5. Pliez le poncho en deux et cousez, à 15/20 cm sous chaque bras, 2 boutonnières sur le devant et 2 boutons fantaisie sur le dos : cela permettra de fermer sous les bras, si vous le souhaitez.

6. Cousez les 2 pinces en quinconce sur les 2 pans de devant, à la hauteur souhaitée (n'hésitez pas à faire des essais pour voir l'effet obtenu).

ASTUCE

Pour un poncho encore plus chaud, ajoutez une doublure en fausse fourrure et une capuche (voir le peignoir p. 54).

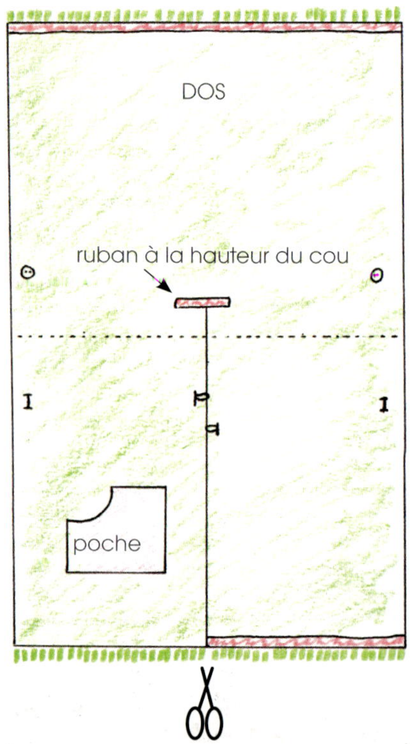

Veste à capuche

Esprit sportswear pour cette veste à capuche et ses poches rigolotes, un bon basique à emporter partout !

TAILLES

6 mois, 1 an, 18 mois, 2 ans, 3 ans

FOURNITURES

- *De la laine polaire (ou laine bouillie, coton enduit...) : 70 cm (75/80/85 cm)*
- *Des chutes de laine polaire d'un autre coloris*
- *Du tissu à motifs : 30 cm*
- *1 fermeture à glissière : 30 cm (35/35/40 cm)*
- *1 élastique de 0,5 cm de largeur : 80 cm*

Voir planche 1 et planche 2 et gabarit p. 63 (poches)

ASTUCE

Plus classique dans un lainage et doublée de Liberty, imperméable dans un coton enduit, bien chaude doublée de fausse fourrure, à vous d'inventer la version dont votre enfant a besoin!

LA PRÉPARATION

Dans la laine polaire, coupez 2 fois le devant, les manches, et 1 fois le dos. Dans les 2 tissus, coupez 2 fois les côtés et 1 fois la bande médiane de la capuche..

LES POCHES

1. Coupez les poches dans la polaire (voir p. 63). Coupez 2 bandes (4,5 cm de largeur) de la largeur du haut des poches, en ajoutant 1 cm de chaque côté. Cousez-les comme un biais sur le haut des poches.

2. Cousez-les sur les devants de la veste en rabattant les extrémités du biais à l'intérieur (pas besoin d'ourlet avec la polaire !).

LA CAPUCHE

1. Cousez les 2 côtés de la capuche à la bande médiane, endroit contre endroit, et faites de même avec la doublure. Insérez-les l'une dans l'autre, endroit contre endroit, et cousez-les ensemble, sauf le bas.

2. Retournez et surpiquez à 1,5 cm de cette couture. Glissez l'élastique dans cette coulisse, froncez un peu et cousez les extrémités.

3. Endroit contre endroit, piquez les coutures d'épaule de la veste. Épinglez le milieu de la capuche au milieu du dos, endroit contre endroit, et cousez la capuche au corps, en prenant bien ses 2 épaisseurs. Vous pouvez coudre un biais, tout le long de l'encolure à l'intérieur, pour cacher la couture.

LA FERMETURE

Cousez la fermeture à glissière en pliant préalablement le bord de la polaire et en laissant 4 cm de tissu en bas (utilisez le pied-de-biche adapté sur la machine). Faites de même de l'autre côté en veillant à ce que les hauteurs correspondent bien.

LES MANCHES ET LES FINITIONS

1. Endroit contre endroit, cousez les bras au corps. Coupez 2 bandes de tissu à motifs (5 cm de largeur) de même longueur que le bas des manches et cousez-les. Glissez-y un élastique, froncez et fixez les extrémités.

2. Cousez le dessous des manches et les côtés du corps dans la continuité.

3. Cousez un ourlet de 2 cm en bas de la veste et glissez-y un cordon si vous le souhaitez.

Pantalon élégant

La pièce indispensable dans la garde-robe de votre enfant : appliqués, rubans, surpiqûres... Tout est permis pour le personnaliser !

TAILLES

6 mois, 1 an, 18 mois, 2 ans et 3 ans

FOURNITURES

- *Du velours (ou du lin) : 40 cm (45/ 50/ 55/60 cm)*
- *Du biais ou du tissu à motifs*
- *1 élastique réglable : 50 cm*
- *Du ruban : 10 cm*

Voir patron planche 1 et gabarit p. 64 (poche)

LA PRÉPARATION

Coupez 2 fois le devant et 2 fois le dos.

LA POCHE

Découpez une poche (gabarit p. 64) sur l'arrière du pantalon. Découpez la poche et marquez un pli au fer, sur 3 côtés et un ourlet en haut. Cousez le ruban sur la poche pour fixer l'ourlet, repliez chaque côté puis cousez la poche.

L'ASSEMBLAGE

1. Endroit contre endroit, cousez le côté d'un dos et d'un devant. Faites de même avec l'autre jambe. Assemblez les 2 parties obtenues, endroit contre endroit, et cousez les côtés supérieurs.

2. Cousez le biais en bas des jambes. Endroit contre endroit, cousez l'entrejambe. Cousez la ceinture réglable (voir ceinture p. 13).

LE PETIT PLUS

Si vous souhaitez réaliser la tunique, rendez-vous p. 26.

ASTUCE

En raccourcissant le patron, vous obtenez un short et en ajoutant la patte de boutonnage (gabarit p. 62), le pantalon devient pantacourt. Et pour une petite touche de féminité, froncez le bas des jambes avant de coudre le biais.

Casquette stylée

Bien couvrante et avec beaucoup de style, elle protégera la tête de votre enfant été comme hiver.

TAILLES

6 mois, 1 an, 18 mois, 2 ans, 3 ans

FOURNITURES

- *De la toile épaisse (jean) : 20 cm*
- *Du tissu à motifs, pour la doublure : 20 cm*
- *De la toile thermocollante*
- *Des boutons fantaisie*

Voir gabarits p. 64 (visière et parties de la casquette)

LA PRÉPARATION

Coupez 6 fois le gabarit dans chacun des tissus et 2 fois la visière dans la toile épaisse.

LA VISIÈRE ET LA CALOTTE

1. Collez au fer à repasser la toile thermocollante sur l'une des visières pour la renforcer.

2. Cousez, endroit contre endroit, les 2 visières sur la partie la plus arrondie, retournez et repassez, surpiquez si vous le souhaitez.

3. Cousez 3 par 3 les différentes parties de la casquette extérieure, en les assemblant endroit contre endroit. Cousez ces 2 moitiés obtenues, également endroit contre endroit : vous obtenez une 1re casquette. Faites de même avec la doublure.

L'ASSEMBLAGE

1. Épinglez la visière en plaçant son milieu sur l'une des coutures de la partie extérieure.

2. Cousez, endroit contre endroit, la doublure à la partie extérieure, la visière se trouvant incluse à l'intérieur. Laissez une petite ouverture sur l'arrière, puis retournez.

3. Insérez la doublure dans la casquette et surpiquez tout le tour de la casquette, ce qui fermera la petite ouverture. Cousez les boutons.

LE PETIT PLUS

En remplaçant la doublure à motifs par un tissu fausse fourrure, vous obtiendrez une casquette bien chaude pour l'hiver. Coupée dans des tissus fleuris, la casquette se fait plus féminine, surtout si vous y appliquez un petit nœud ou une fleur au crochet.

Habits de nuit

Et si on s'habillait joliment pour faire de doux rêves ?

TAILLES

6 mois, 1 an, 18 mois, 2 ans, 3 ans

Chemise de nuit

FOURNITURES

- *Du coton : 35 cm (40/45/50/45 cm)*
- *Du tissu à motifs : 20 cm (21/ 22/ 23/24 cm)*
- *1 lien ou 1 ruban : 7 cm*
- *1 bouton*

Voir planche 2 et gabarit p. 62 (manche papillon)

Pyjama

- *Du coton (ou pilou, jersey...) : 100 cm (110/120/130/140 cm)*
- *1 élastique réglable : 50 cm environ*
- *1 lien ou 1 ruban : 7 cm*
- *1 bouton*

Voir planche 2

LA CHEMISE DE NUIT

Reprenez les explications de la tunique kurta p. 24. Ajoutez simplement 12 cm (15/18/21/24 cm) de longueur dans la continuité du bas froncé.

1. Coupez 4 fois la manche papillon (gabarit p. 62).

2. Endroit contre endroit, cousez la longueur la plus arrondie, à 0,5 cm du bord. Retournez et repassez. Froncez la longueur opposée (voir p. 10), plus ou moins selon l'effet souhaité, faites de même avec la 2de manche.

3. Cousez l'encolure (voir p. 24 haut de la tunique kurta). Laissez les 2 tissus endroit contre endroit, et insérez la manche papillon entre les 2 épaisseurs, à hauteur des épaules, fronces sur le bord et en plaçant son centre sur la couture d'épaule.

4. Cousez toute la longueur de l'emmanchure. Faites de même pour l'autre manche, puis retournez chaque pan en le passant par son épaule respective. Repassez soigneusement.

5. Cousez le bas de la chemise de nuit, en suivant les explications de la tunique Kurta, p. 24.

LE PYJAMA

Reprenez les explications de la tunique kurta p. 24 pour réaliser le haut du pyjama, et celles du sarouel p. 34 pour le bas. N'hésitez pas à choisir la taille supérieure, pour donner de l'ampleur à ce vêtement qui doit être confortable la nuit.

ASTUCE

Manches courtes et short sarouel pour l'été, pilou tout doux pour les nuits plus froides, à vous de trouver la version qui correspond à ses besoins !

Peignoir fleuri

Avec sa capuche et son large drapé, une sortie de bain bien pratique pour envelopper bébé.

TAILLES

6/12 mois, 2/3 ans

FOURNITURES

- *Du tissu éponge : 90 (110) cm*
- *Du tissu à motifs : 20 x 60 cm (25 x 70 cm)*
- *Du biais : 400 (500) cm*

1. Coupez 1 rectangle de 55 (70) x 90 (110) cm, dans le tissu éponge. Faites une ouverture de 50 (60) cm dans la longueur, en partant du bas, et au milieu de la largeur – (27,5 (35) cm) – du côté du peignoir.
Arrondissez les 6 angles obtenus en vous aidant d'un bol.

2. Coupez 1 rectangle de 20 x 60 cm dans le tissu éponge, et 1 autre dans le tissu à motifs. Pliez chaque morceau en deux, endroit contre endroit et cousez l'une des longueurs de chaque rectangle : ce sera l'arrière de la capuche. Placez-les l'un dans l'autre, endroit contre endroit, et cousez la plus grande longueur. Retournez et repassez.

3. Assemblez cette capuche au corps en plaçant la couture arrière sur la continuité de l'ouverture du peignoir, cousez les côtés en prenant bien les 2 épaisseurs de la capuche.

4. Cousez le biais tout autour du peignoir, ce qui permet aussi de cacher la couture de la capuche.

biais
couture capuche

capuche

ASTUCE

N'hésitez pas à modifier les dimensions, selon la grandeur souhaitée, ou à décorer joliment ce peignoir – un appliqué cousu dans le dos serait parfait ! Et qui sera le plus beau pour aller à la piscine ?

Tablier pétillant

Bavoir haute protection pour les premiers repas seul
ou tablier pour graine d'artiste, une blouse ultra-pratique.

TAILLES

6 mois, 1 an, 18 mois, 2 ans et 3 ans

FOURNITURES

- *Du tissu imperméable : 55 cm (60/70/80/90 cm)*
- *Du biais : 155 cm à 250 cm, selon la taille*
- *1 élastique fin, coupé en deux : 21 cm (22/23/24/25 cm)*

Voir planche 2

LA PRÉPARATION

Coupez 1 fois le devant, sur la pliure du tissu, 2 fois le dos (sans les ourlets des pattes de boutonnage) et les manches.

L'ASSEMBLAGE

1. À l'aide d'un bol, dessinez un arrondi sur chaque pan du dos, en bas (à la place de la patte de boutonnage).

2. Piquez les coutures d'épaules et les manches, en faisant correspondre le devant et le dos de chaque pièce.

3. Cousez le dessous des manches et le côté de la blouse, dans la continuité.

LES FINITIONS

1. En commençant en haut d'un des 2 pans du dos, cousez le biais dans le dos, le bas de la blouse et l'autre pan du dos.

2. Cousez le biais sur l'encolure en laissant un lien de 40 cm environ de chaque côté pour attacher la blouse.

3. Cousez un ourlet à chaque manche, en laissant une petite ouverture. Faites coulisser un élastique fin, cousez les 2 extrémités et fermez l'ouverture.

4. Ajoutez, à votre gré, un appliqué avec une petite phrase au tampon pour customiser.

MIAM MIAM
J'AI FAIM !!
À TABLE

ASTUCE

Pour une blouse plus longue, allongez le patron de la tunique !

J'AI FAIM !!

Sac à langer

Une maxi-besace pour transporter les mille et une affaires de bébé. Elle deviendra plus tard sac de voyage ou cartable.

DIMENSION

30 x 40 cm environ

FOURNITURES

- *Du coton enduit (velours, coton épais...) pour l'extérieur : 3 rectangles (A) de 30 x 40 cm, 2 rectangles (B) de 20 x 40 cm, 1 bande (C) de 10 x 100 cm*
- *Du coton plus léger pour l'intérieur : 3 rectangles (D) de 30 x 40 cm et 1 rectangle (E) de 22 x 40 cm, 1 rectangle (F) de 20 x 40 cm, 1 bande (G) de 10 x 100 cm*
- *1 fermeture à glissière séparable : 35 cm (facultatif)*
- *1 boucle banane*
- *1 sangle : 110 ou 120 cm selon la taille (ou plus, si vous la souhaitez réglable)*
- *Du passepoil (facultatif) : 250 cm*

Voir planche 1

LES POCHES

1. Cousez, endroit contre endroit, l'un des rectangles B et le rectangle E, sur toute la longueur supérieure. Retournez et alignez les 2 longueurs inférieures, repassez le haut et surpiquez au bord du tissu extérieur : vous obtenez la poche extérieure (1, 2).

2. Faites de même avec les 2 autres rectangles B et F, mais cette fois, sans rebord : vous obtenez la poche intérieure.

Poche extérieure

1

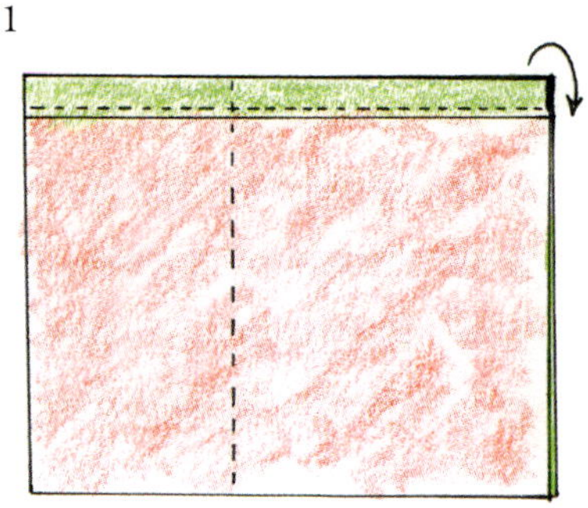

2

ASTUCE

Pour un sac plus rigide, doublez-le avec du molleton.

Assemblage du sac à langer

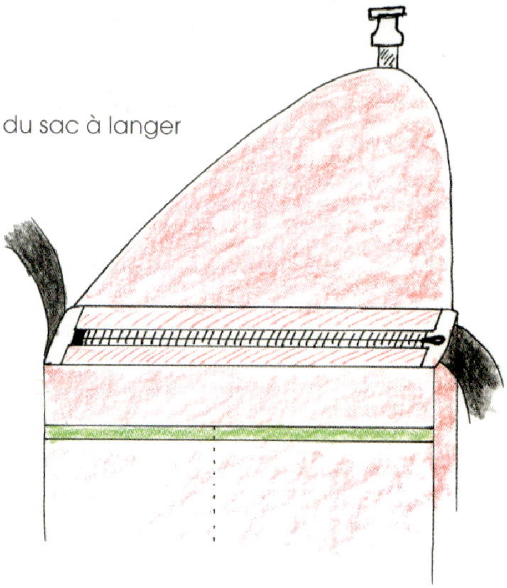

L'ASSEMBLAGE DES 2 SACS

1. Épinglez la poche extérieure en bas d'un des rectangles A, envers contre endroit, arrondissez les angles inférieurs à l'aide d'un bol et surpiquez, sur toute la hauteur de la poche, à 15 cm du bord gauche : vous obtenez ainsi 2 poches.

2. Cousez la bande C, endroit contre endroit, sur ce grand rectangle (les 2 côtés et le bas), en insérant à 10 cm, en bas à droite (juste sous l'arrondi du futur rabat), la sangle qui tient l'une des parties de la boucle banane et le passepoil (facultatif).

3. Cousez de la même façon l'autre rectangle A (après l'avoir arrondi en bas), sur cette bande C. Retournez : vous obtenez le sac extérieur.

4. Faites de même avec la poche intérieure, 2 des rectangles D et la bande G, en laissant une ouverture de 25 cm en bas d'un des rectangles (pour retourner le sac à la fin) : vous obtenez le sac intérieur.

LE RABAT

1. Coupez le rabat sur les 2 derniers rectangles (attention au sens endroit/envers).

2. Assemblez ces 2 rabats, endroit contre endroit, en insérant à l'intérieur et au milieu de l'arrondi, la sangle qui tient l'autre partie de la boucle banane, et le passepoil (facultatif). Cousez tout l'arrondi, après avoir vérifié que les boucles s'alignent bien. Retournez le rabat.

LA FERMETURE À GLISSIÈRE

1. Coupez 4 petites bandes de tissu de 5 x 37 cm. Assemblez deux de ces bandes, endroit contre endroit, en insérant l'un des côtés de la fermeture à glissière, dents à l'intérieur, et cousez cette longueur puis les 2 petits côtés. Retournez et repassez.

2. Faites de même avec l'autre partie de la fermeture et laissez-les séparées pour le moment.

L'ASSEMBLAGE FINAL

1. Superposez et épinglez, sur l'endroit du sac extérieur (côté sans la poche) :

- L'endroit du rabat,
- L'endroit d'une des parties de la fermeture à glissière, dents en bas. Et sur l'endroit opposé (côté avec la poche) :
- l'endroit de l'autre partie de la fermeture.

2. Épinglez, sur les 2 côtés du sac, les 2 extrémités de la sangle, endroit contre endroit, la sangle se trouvant vers le bas du sac. Glissez le tout dans le sac de doublure, endroit contre endroit.

3. Cousez tout le haut du sac, en prenant bien toutes les épaisseurs épinglées. Retournez le tout par l'ouverture du sac de doublure et refermez-la à petits points invisibles. Insérez la doublure dans le sac et admirez votre travail !

Gabarits

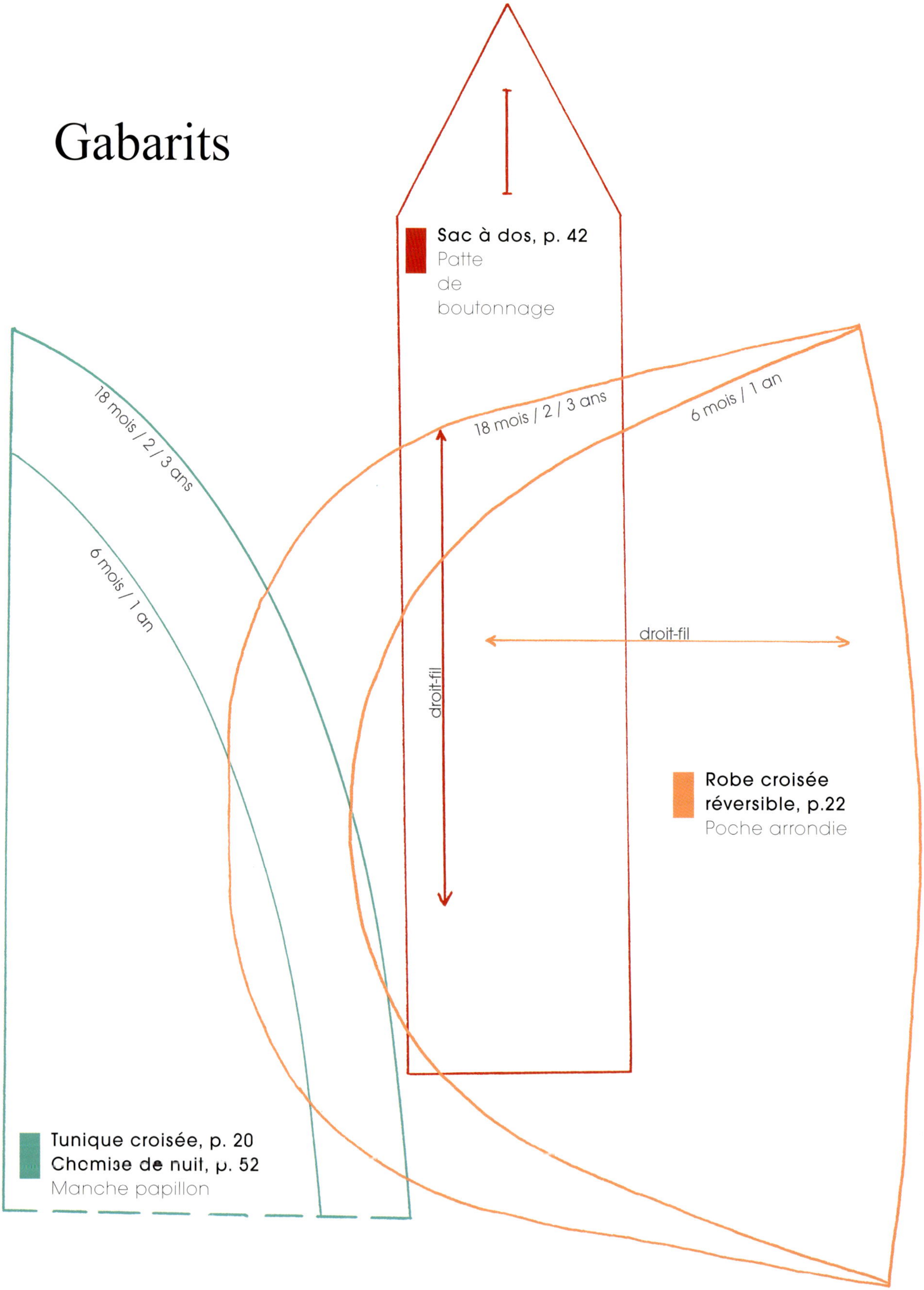
Sac à dos, p. 42
Patte de boutonnage
18 mois / 2 / 3 ans
6 mois / 1 an
droit-fil
droit-fil
Robe croisée réversible, p.22
Poche arrondie
18 mois / 2 / 3 ans
6 mois / 1 an
Tunique croisée, p. 20
Chemise de nuit, p. 52
Manche papillon

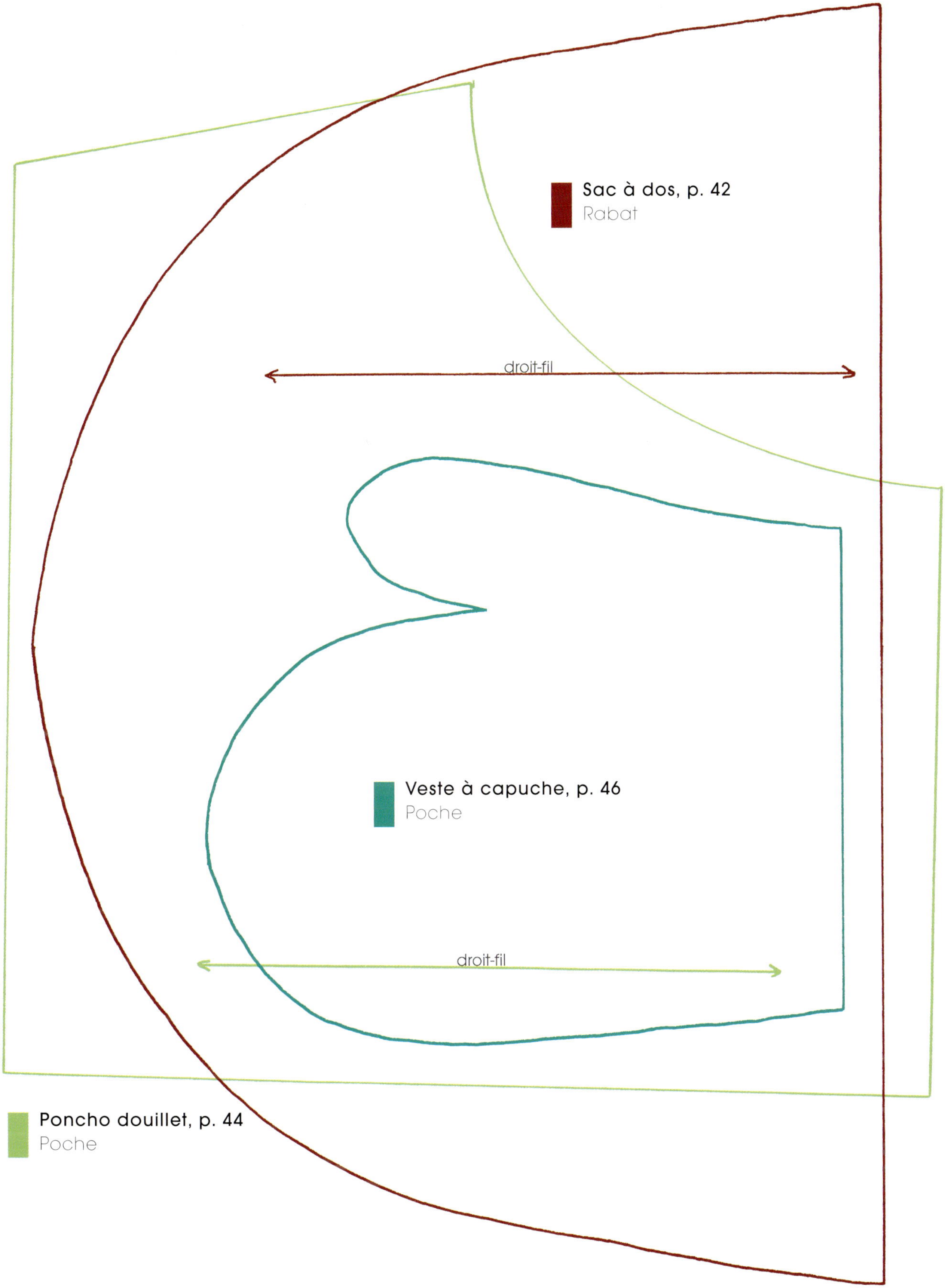
Sac à dos, p. 42
Rabat
droit-fil
Veste à capuche, p. 46
Poche
droit-fil
Poncho douillet, p. 44
Poche

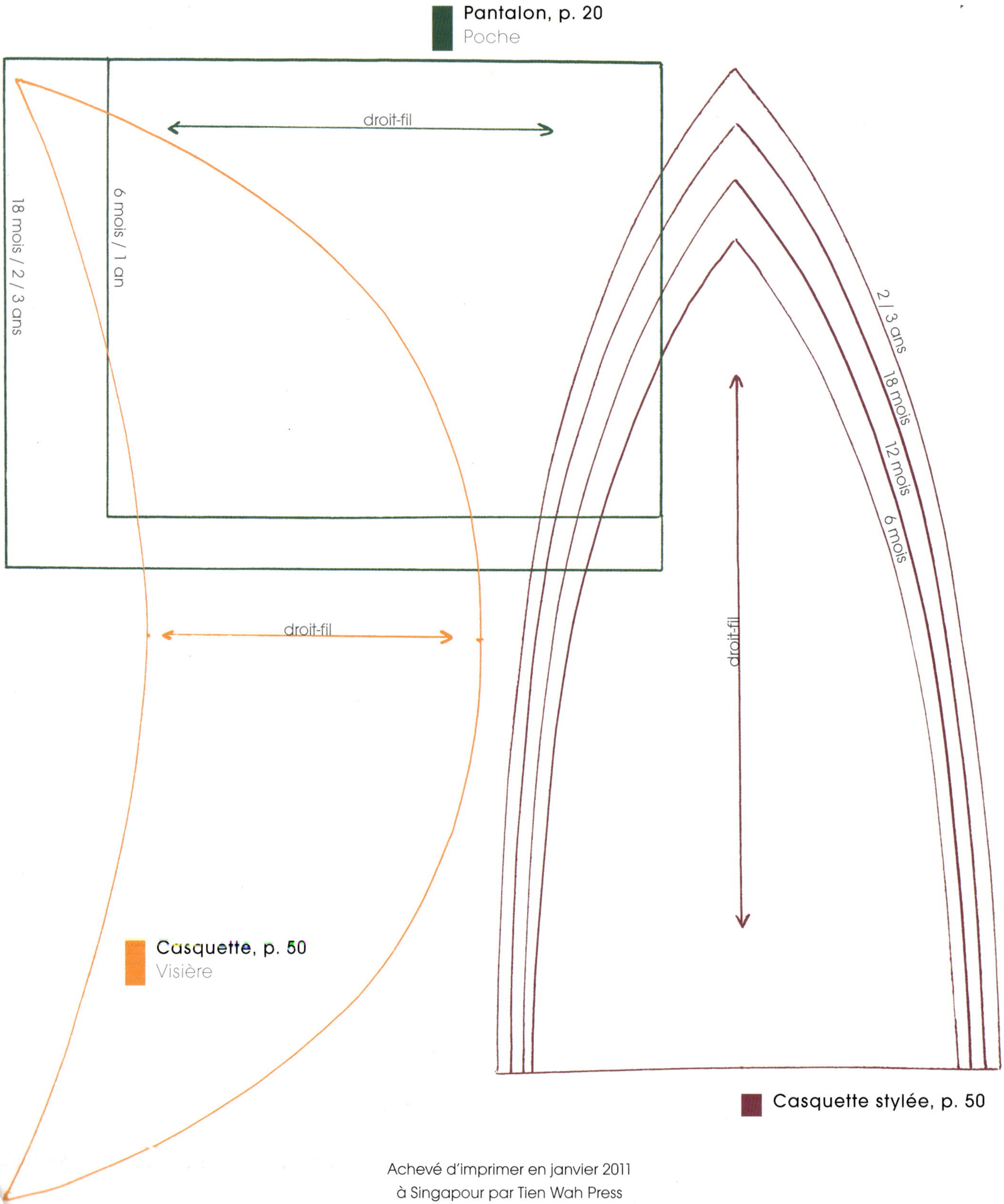

Achevé d'imprimer en janvier 2011
à Singapour par Tien Wah Press